Édi l'éléph

Written & Ilustrated by
Emily Ibrahim

Translated & Adapted by
Anny Ewing

Edited by
Carol Gaab

Fluency Matters
P.O. Box 13409
Chandler, AZ 85248

info@FluencyMatters.com ~ FluencyMatters.com

ISBN: 978-1-945956-64-5

About This Book

This endearing story is beautifully illustrated by the author herself. Each illustration is hand-painted with watercolor and captures the essence of all of Édi's feelings and experiences. The story is written with just 80 high-frequency words in French. It contains a manageable amount of vocabulary and a variety of cognates (words that are similar in two languages), making it an ideal first read for beginning language students.

Essential vocabulary is listed in the glossary at the back of the book, but most words are made comprehensible through the vivid illustrations that appear on each page. Several verbs are listed in the glossary more than once, as some appear throughout the book in various forms and tenses. (Ex.: I go, he goes, let's go, etc.)

Édi l'éléphant is intended for educational entertainment. We hope you enjoy reading it! It was masterfully created not only to engage you, but to facilitate language acquisition as you read. Enjoy your journey down the path to proficiency, and remember, FLUENCY MATTERS!

Table des matières

Chapitre I :
Édi le talentueux

2

Édi est un éléphant.

C'est un petit éléphant. C'est un éléphant super petit. Le papa d'Édi n'est pas petit. Le papa d'Édi est grand. Le papa d'Édi est super grand.

La maman d'Édi n'est pas petite. La maman d'Édi est grande. La maman d'Édi est super grande, mais Édi n'est pas grand. Édi est petit. Édi est super petit.

Édi est petit et il est intelligent.
Édi est intelligent et bon en mathématiques.

un   deux   trois   quatre   cinq

1   2   3   4   5

Édi peut compter...

1 2 3 4 5 6 7 8 9 10

Édi peut compter à l'envers...

10 9 8 7 6 5 4 3 2 1

six   sept   huit   neuf   dix

6   7   8   9   10

Édi est petit et il est sportif.
Il est bon en gymnastique !

Édi est petit et c'est un poète.
Édi peut inventer des poèmes.
« Je suis Édi, je ne suis pas Frédi.
Je suis poète et je suis sportif. »

Chapitre 2 :
Édi le petit

Édi est un poète. Il est intelligent et sportif, mais Édi n'est pas content. Édi n'est pas content parce qu'il veut être grand. Édi veut être super grand comme son papa.

Mais Édi n'est pas grand comme son papa. Édi est petit, super petit. Il n'est pas content. Pauvre Édi !

Édi n'est pas content parce qu'il veut être grand. Édi veut être super grand comme sa maman. Mais Édi n'est pas grand comme sa maman. Édi est petit, super petit. Il n'est pas content. Pauvre Édi !

Édi a un ami.

Son ami est un bébé babouin, Benoît.

Un jour, Édi dit à son ami babouin :
« Benoît, je suis intelligent et sportif,
mais je suis super petit.
Je ne veux pas être petit ! »

Benoît lui dit : « Oui, Édi, tu es super petit.
Tu es aussi petit qu'un rat.
Pauvre Édi, aussi petit qu'un rat. »

Édi ne veut pas être aussi petit qu'un rat.
Édi n'est pas content et il dit :
« Je ne veux pas être aussi petit qu'un rat !
Je veux être grand comme ma maman. »

La maman d'Édi a une longue trompe.
Édi veut avoir une longue trompe comme sa maman.

Mais Édi a une petite trompe parce qu'Édi est petit, super petit. Édi n'est pas content. Pauvre Édi !

Édi n'est pas content parce qu'il a une petite trompe. Édi n'est pas content parce qu'il est aussi petit qu'un rat.

Chapitre 3 :
Soulève, soulève, soulève !

Édi dit à Benoît le babouin :
« Benoît, je ne suis pas content ! Je suis aussi
petit qu'un rat et j'ai une petite trompe.
Je veux être grand ! Je veux avoir une longue
trompe comme ma maman. »

Benoît lui dit : « Si tu veux avoir une longue trompe, soulève un grand rocher avec ta trompe. Soulève le rocher cinq (5) jours, dix (10) fois par jour. »

Mais Édi ne peut pas soulever de grands rochers ! Il ne peut pas parce qu'Édi est très petit et il a une trompe très petite. Avec une petite trompe, Édi peut soulever de petits rochers. Édi le petit ne peut pas soulever de grands rochers !

Édi dit à Benoît : « Je ne peux pas soulever de grands rochers parce que je suis petit et ma trompe est très petite. Benoît, je peux soulever de petits rochers, mais je ne peux pas soulever de grands rochers. »

Benoît dit à Édi : « Édi, si tu veux être grand, concentre-toi ! Tu peux soulever de grands rochers parce que tu es très sportif. »

Édi dit : « Je veux être grand ! Je suis sportif et je peux soulever de grands rochers. »
Édi veut avoir une longue trompe comme sa maman. Il se concentre et… oui ! Oui, il peut soulever de grands rochers !

cinq
5

quatre
4

trois
3

deux
2

un
1

Édi soulève un
grand rocher.

six
6

sept
7

huit
8

neuf
9

Il soulève un grand rocher dix (10) fois par jour.

dix
10

Le premier (1er) jour, Édi se concentre.
Il soulève un grand rocher dix (10) fois et il crie :
« Être un rat, je ne veux pas !
Je veux une longue trompe, moi ! »

Le deuxième (2ᵉᵐᵉ) jour, Édi se concentre encore.
Il soulève un grand rocher dix (10) fois et il crie :

« Être un rat, je ne veux pas !
Je veux une longue trompe, moi ! »

Le troisième (3ème) jour, Édi se concentre.
Encore une fois, il soulève un grand
rocher dix (10) fois et il crie :

« Être un rat, je ne veux pas ! Je veux une longue trompe, moi ! »

Le quatrième (4ème) jour, Édi se concentre encore une fois.
Il soulève un grand rocher dix (10) fois et il crie :

« Être un rat, je ne veux pas !
Je veux une longue trompe, moi ! »

Le cinquième (5ème) jour, Édi se concentre.
Encore une fois, il soulève un grand rocher
dix (10) fois et il crie :

« Être un rat, je ne veux pas !
Je veux une longue trompe, moi ! »

Édi soulève beaucoup de rochers parce qu'il
veut avoir une longue trompe
comme sa maman.

Mais, cinq (5) jours plus tard, Édi n'a
toujours pas de longue trompe.
Il a toujours une petite trompe.

Édi veut être grand comme sa maman, mais
il est toujours petit, aussi petit qu'un rat !
Pauvre Édi !

Chapitre 4 :
Saute, saute, saute !

Un jour, Édi dit à Benoît : « Benoît, je suis intelligent et sportif, mais je suis super petit. Je ne veux pas être petit ! »

Benoît lui dit : « Oui, Édi, tu es super petit. Tu es aussi petit qu'un insecte. Pauvre Édi, aussi petit qu'un insecte. »

Édi ne veut pas être aussi
petit qu'un insecte. Édi
n'est pas content et il dit :
« Je ne veux pas être aussi
petit qu'un insecte !
Je veux être grand comme
mon papa. »

Le papa d'Édi a de grandes jambes. Édi veut avoir de grandes jambes comme son papa. Mais Édi a de petites jambes parce qu'Édi est petit, super petit. Édi n'est pas content.

Pauvre Édi !

Édi n'est pas content parce qu'il a de petites jambes. Édi n'est pas content parce qu'il est aussi petit qu'un insecte !

Édi dit à son ami Benoît :
« Benoît, je ne suis pas content.
Je suis aussi petit qu'un insecte et
j'ai de petites jambes. Je veux être grand !
Je veux avoir de grandes jambes
comme mon papa ! »

Benoît lui dit : « Édi, si tu veux être grand,
concentre-toi ! Pour avoir de grandes
jambes, saute cinq (5) jours,
dix (10) fois par jour. »

Édi peut sauter parce qu'Édi est sportif.
Édi dit : « Je peux sauter parce que je suis
sportif, mais je ne veux pas être sportif. Je
veux être grand ! Je veux avoir de grandes
jambes comme mon papa ! »

Édi veut être grand !

Édi décide de sauter. Édi se concentre et il saute dix (10) fois par jour.

six
6

sept
7

huit
8

neuf
9

dix
10

Le premier (1er) jour, Édi se concentre.
Il saute dix (10) fois et il crie :
« Être un insecte, je ne veux pas !
Je veux de grandes jambes, moi ! »

Le deuxième (2ème) jour, Édi se concentre encore.

Il saute dix (10) fois et il crie :

« Être un insecte, je ne veux pas !

Je veux de grandes jambes, moi ! »

Le troisième (3ème) jour, Édi se concentre.
Encore une fois, il saute dix (10) fois et il crie :

« Être un insecte, je ne veux pas !
Je veux de grandes jambes, moi ! »

Le quatrième (4ème) jour, Édi se concentre
encore une fois. Il saute dix (10) fois et il crie :
« Être un insecte, je ne veux pas !
Je veux de grandes jambes, moi ! »

Le cinquième (5ème) jour, Édi se concentre.
Encore une fois, il saute dix (10) fois et il crie :
« Être un insecte, je ne veux pas !
Je veux de grandes jambes, moi ! »

Mais, cinq (5) jours plus tard,
Édi n'a toujours pas de grandes jambes
comme son papa. Il a toujours de petites
jambes. Il est toujours aussi petit
qu'un insecte. Il n'est pas content.
Pauvre Édi !

Chapitre 5 :
Bats, bats, bats !

Un jour, Édi dit à Benoît : « Benoît, je suis intelligent et sportif, mais je suis super petit.
Je ne veux pas être petit ! »

Benoît lui dit : « Oui, Édi, tu es super petit.
Aussi petit qu'un moustique. Pauvre Édi,
aussi petit qu'un moustique. »

Édi ne veut pas être aussi petit qu'un
moustique. Édi n'est pas content et il dit :
« Je ne veux pas être aussi petit qu'un moustique !
Je veux être grand comme mon papa. »

Le papa d'Édi a de grandes oreilles. Édi veut avoir de grandes oreilles comme son papa. Édi a de petites oreilles parce qu'Édi est petit. Super petit. Il n'est pas content. Pauvre Édi !

Édi n'est pas content parce qu'il a de petites oreilles. Édi n'est pas content parce qu'il est aussi petit qu'un moustique.

Édi dit à son ami Benoît : « Benoît, je ne suis pas content. Je suis aussi petit qu'un moustique et j'ai de très petites oreilles. Je veux être grand ! Je veux avoir de grandes oreilles comme mon papa ! »

Benoît lui dit : « Édi, tu peux battre des oreilles parce que tu es très sportif. Pour avoir de grandes oreilles, bat des oreilles cinq (5) jours, dix (10) fois par jour. »

Édi ne veut pas battre des oreilles, mais
Benoît lui dit : « Édi, si tu veux avoir de
grandes oreilles, concentre-toi. »

Édi lui dit : « Je veux avoir de grandes oreilles.
Oui, je peux battre des oreilles parce que je
suis sportif. Mais je ne veux pas d'oreilles
sportives, je veux de grandes oreilles ! »

Édi se concentre et… oui ! Oui, il peut
battre des oreilles !

un
1

deux
2

trois
3

quatre
4

cinq
5

Il bat des oreilles dix (10) fois par jour.

six
6

sept
7

huit
8

neuf
9

dix
10

Le premier (1er) jour, Édi se concentre.
Il bat des oreilles dix (10) fois et il crie :
« Être un moustique, je ne veux pas !
Je veux de grandes oreilles, moi ! »

Le deuxième (2ème) jour, Édi se concentre
encore. Il bat des oreilles dix (10) fois et il crie :
« Être un moustique, je ne veux pas !
Je veux de grandes oreilles, moi ! »

Le troisième (3ème) jour, Édi se concentre.
Encore une fois, il bat des oreilles
dix (10) fois et il crie :

« Être un moustique, je ne veux pas !
Je veux de grandes oreilles, moi ! »

Le quatrième (4ème) jour, Édi se concentre
encore une fois. Il bat des oreilles
dix (10) fois et il crie :

« Être un moustique, je ne veux pas !
Je veux de grandes oreilles, moi ! »

Le cinquième (5ème) jour, Édi se concentre.
Encore une fois, il bat des oreilles
dix (10) fois et il crie :

« Être un moustique, je ne veux pas !
Je veux de grandes oreilles, moi ! »

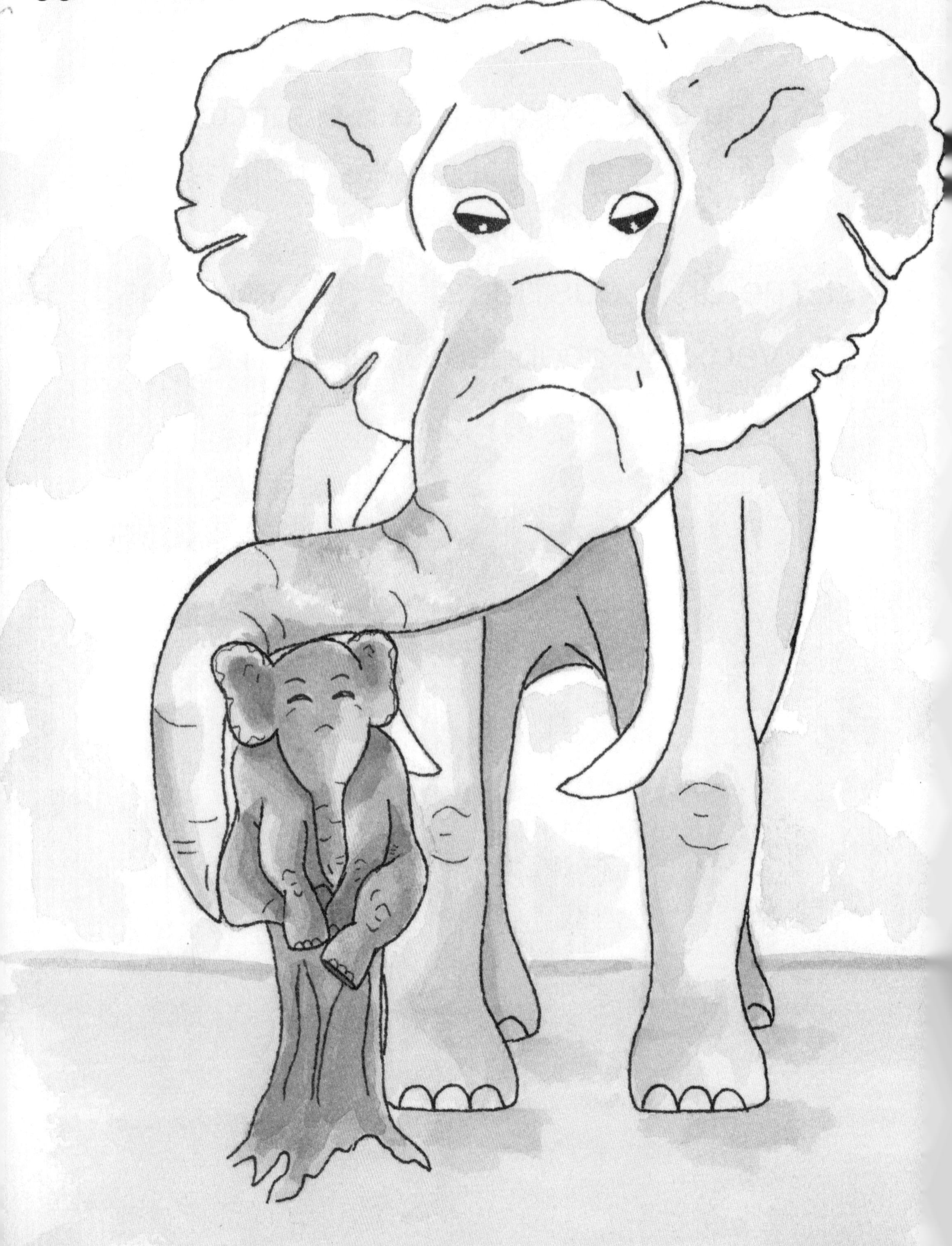

Mais, cinq (5) jours plus tard,
Édi n'a toujours pas de grandes oreilles.
Il a toujours de petites oreilles.
Il est toujours aussi petit qu'un moustique.
Il n'est pas content.
Pauvre Édi !

Chapitre 6 :
Coincé !

Un jour, Édi et Benoît sautent.
Benoît saute parce qu'il veut pratiquer et Édi
saute parce qu'il veut avoir de grandes jambes.
Benoît et Édi sautent avec beaucoup d'énergie.
Édi se concentre beaucoup,
mais Benoît ne se concentre pas.

Oh là là ! Benoît saute dans un trou.
C'est un petit trou.

Benoît crie à Édi : « Édi, Édi ! Je suis coincé !
Je suis coincé dans le trou !
Je ne peux pas m'échapper ! »

Édi crie à Benoît : « Si ! Si, tu peux t'échapper.
Saute pour t'échapper du trou !
Saute, Benoît. Saute ! »

Benoît saute,
mais un rocher le
coince.

Un rocher coince Benoît dans le trou et
il ne peut pas s'échapper.
Quelle panique ! Benoît est coincé !

« Saute, Benoît ! » lui crie Édi.

Mais Benoît ne peut pas sauter et il crie à Édi :

« Je ne peux pas sauter.

Un rocher m'a coincé dans le trou. »

« Tu peux soulever le rocher ? » lui dit Édi.

Paniqué, Benoît lui crie :

« Non ! Je ne peux pas ! Le rocher est très grand et je suis très petit. Je suis coincé ! »

Benoît ne peut pas soulever le rocher.
Il ne peut pas soulever le rocher parce qu'il
est très petit. C'est un bébé et les bébés ne
peuvent pas soulever de grands rochers.

Pauvre Benoît !
Il est coincé dans le trou !

« Je suis coincé ! » Benoît crie à Édi.
« Édi, sauve-moi ! »

Quelle panique !

Édi veut sauver Benoît,

mais est-ce qu'il peut le sauver ?

Édi est un très petit éléphant et

Benoît a un très grand problème.

Édi crie à Benoît : « Un moment, Benoît ! »

Chapitre 7 :
L'alerte !

Édi crie : « Maman ! Papa !
Maman Babouin ! Papa Babouin ! »
Paniqué, Édi crie encore :
« Maman ! Papa !
Maman Babouin ! Papa Babouin ! »

La maman d'Édi lui dit : « Quelle panique, Édi !
Est-ce qu'il y a un problème ? »
Édi lui dit, paniqué :
« Oui, il y a un problème !

La maman d'Édi lui dit : « Quelle panique, Édi !
Est-ce qu'il y a un problème ? »

Benoît a sauté dans un
petit trou et un rocher l'a coincé. Benoît ne
peut pas soulever le rocher et c'est impossible
de s'échapper du trou. »

Le papa babouin est très grand et il ne peut
pas entrer dans le trou.
Il ne peut pas sauver Benoît.

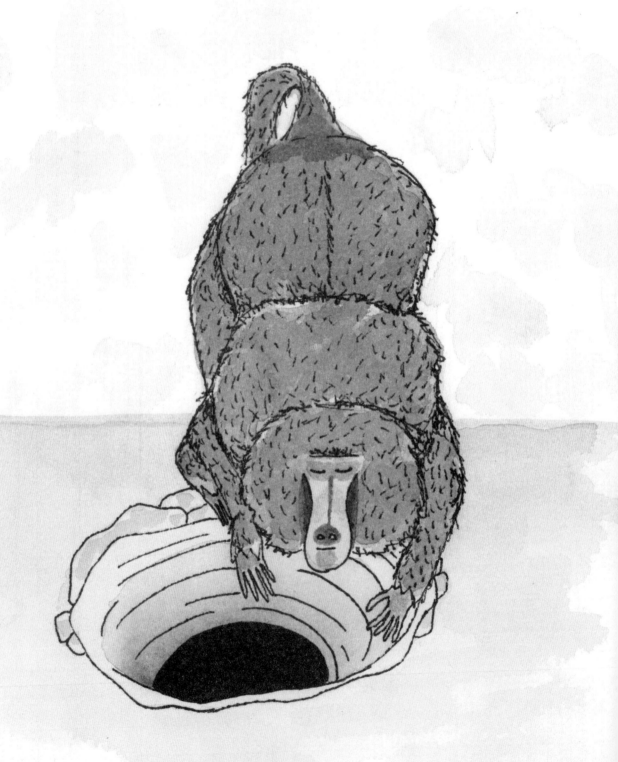

La maman babouin veut sauver Benoît, mais elle ne peut pas. Elle est grande et elle ne peut pas entrer dans le trou.
Elle ne peut pas sauver Benoît !

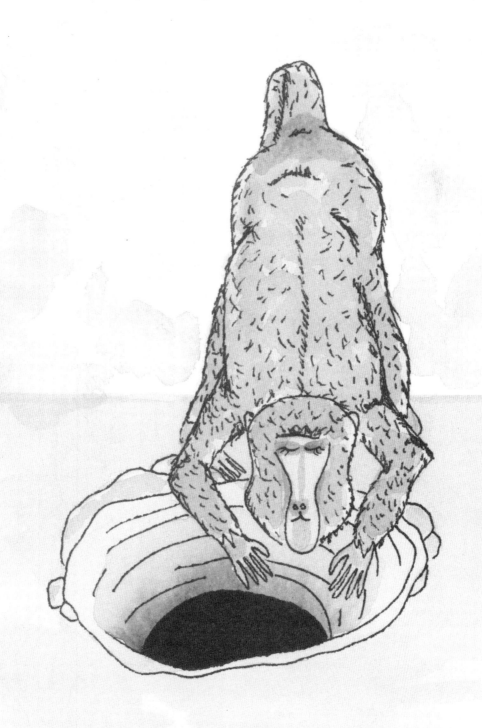

Le papa d'Édi est super grand.
Il ne peut pas entrer dans le trou !
Il ne peut pas sauver Benoît.

La maman d'Édi est très grande.
Elle ne peut pas entrer dans le trou.
Elle ne peut pas sauver Benoît !

Le papa babouin dit, paniqué :
« Nous ne pouvons pas sauver Benoît. Nous
sommes grands et le trou est petit.
Nous ne pouvons pas entrer
dans le trou. Quel problème ! »

Édi crie : « Je ne suis pas grand ! Je suis petit ! Je suis super petit ! Je peux entrer dans le trou ! »

Édi veut sauver Benoît. Est-ce qu'Édi peut sauver Benoît ?

Édi se concentre et il entre dans le trou.

« Le rocher est très grand ! », dit Édi.

Édi se concentre et… il peut soulever le rocher !

Édi soulève le rocher avec sa trompe !

Édi soulève Benoît avec sa trompe.

Édi saute et bat des oreilles.

Édi et Benoît s'échappent du trou !
Édi est un héros !
Édi sauve Benoît, le bébé babouin !

Chapitre 8 :
Édi le grand

Le papa d'Édi soulève Édi avec sa trompe.

Le papa d'Édi crie : « Édi le héros au grand coeur ! Édi le héros au grand coeur ! »

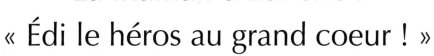

La maman d'Édi crie :
« Édi le héros au grand coeur ! »

Les babouins
crient : « Édi le
héros au grand
coeur ! »

Le papa d'Édi lui dit, « Édi, tu n'es pas petit.

Tu es grand, super grand. Tu as un grand coeur, un super grand coeur. Tu es grand parce que tu as un grand coeur. »

Édi est content parce qu'il n'est pas petit.
Édi a une petite trompe, il a des petites
jambes, et il a des petites oreilles,
mais Édi n'est pas petit !

Édi est grand !
Il est grand parce qu'il a un grand coeur.
Le coeur d'Édi est super grand !
Il est Édi Le Grand.

Glossaire

A

a - (he) has
à - to, at, for
ai - (I) have
à l'envers - backwards
alerte - alert, alarm
ami - friend
au - with the
aussi ___ que - as ___ as
avec - with
avoir - to have

B

babouin(s) - baboon(s)
bat - (he) flaps, beats
battre - to flap, beat
beaucoup - many, a lot
bébé(s) - baby (babies)
bon - good

C

c'est - it is, he is
cinq - five
cinquième - fifth
  5ème - 5th
coeur - heart
coince - traps
coincé - stuck, trapped
comme - like, as
compter - to count
concentre - (he) concentrates
  concentre-toi ! - concentrate!
  (se) concentre - (he) concentrates
  content - happy, contented

crie - (he) cries out, yells
crient - (they) cry out, yell

D

d' - of; any
dans - in
de - some, any; of
décide (de) - decides (to)
des - of (the); some
deux - two
deuxième - second
  2ème - 2nd
dit - says
dix - ten
du - from the

E

s'échappent - (they) escape
échapper - to escape
éléphant - elephant
elle - she
en - in
encore - again
énergie - energy
entre - enters
entrer - to enter
à l'envers - backwards
es - are
est - is
  est-ce qu'… - is it (true) that… ?
  est-ce que… - is it (true) that… ?
et - and
être - (to) be

F

fois - time(s)

G

grand(s) - big
grande(s) - big
gymnastique - gymnastics

H

héros - hero
huit - eight

I

il - he, it
il y a - there is
impossible - impossible
insecte - insect
intelligent - intelligent
inventer - to invent

J

jambes - legs
je - I
  j' - I
  j'ai - I have
jour(s) - days

L

la - the
  l' - the
oh là là ! - oh dear!
le - the; it, him
  l' - the; it, him
  l'a coincé - trapped him
à l'envers - backwards
les - the
longue - long

lui - to him, to her

M

ma - my
m'a coincé - trapped me
mais - but
maman - mom
mathématiques - mathematics
m'échapper - to escape
moi - me
moment - moment
mon - my
moustique - mosquito

N

n' … pas - not; doesn't, don't
ne … pas - not; doesn't, don't
neuf - nine
non - no
nous - we

O

oh là là ! - oh dear!
oreilles - ears
oui - yes

P

panique - panic
paniqué - panicked
papa - dad
par - per
parce que - because
  parce qu' - because
  parce qu'il - because he
ne … pas - not; doesn't, don't
pauvre - poor

petit(s) - small
petite(s) - small
peut - (he) can, is able
peuvent - (they) can, are able
peux - (I) can, am able
plus tard - later
poèmes - poems
poète - poet
possible - possible
pour - to, in order to
pouvons - (we) can, are able
pratiquer - to practice
premier - first
  1er - 1st
problème - problem

Q

ausssi ___ qu' - as ___ as
quatre - four
quatrième - fourth
  4ème - 4th
parce que - because
  parce qu' - because
  parce qu'il - because he
quel - what a… !
quelle - what a… !
qu'un - as a, as an

R

rat - rat
rocher(s) - rock(s)

S

sa - his
saute - (he) jumps
sauté - jumped
sautent - (they) jump
sauter - to jump

sauve - (he) saves
sauver - to save
s'échappent - (they) escape
s'échapper - to escape
se concentre - (he) concentrates
sept - seven
si - if
six - six
sommes - (we) are
son - his
soulever - to lift
soulève - (he) lifts
sportif - athletic
sportives - athletic
suis - (I) am
super - super

T

ta - your
plus tard - later
t'échapper - to escape
toujours - still
trois - three
troisième - third
  3ème - 3rd
trompe - trunk
trou - hole
très - very
tu - you

U

un - a, an
une - a, an

V

veut - (he) wants
veux - (I) want